S'AUTORISER À RÉUSSIR

Didié Gélanor

S'AUTORISER À RÉUSSIR

Pour toutes les personnes qui ont peur de briller

Pour contacter l'auteur :

En dehors de l'écriture, Didié Gélanor partage
régulièrement du contenu inspirant et pédagogique sur les
réseaux sociaux. Vous pouvez le suivre sur :

Instagram : @didiegelanor
TikTok : @didiegelanor

Tous droits de reproduction, de traduction, et
d'adaptation réservés pour tout pays.

© Didié Gélanor, 2025
Édition : BoD · Books on Demand, 31 avenue Saint-Rémy,
57600 Forbach, bod@bod.fr
Impression : Libri Plureos GmbH, Friedensallee 273,
22763 Hamburg (Allemagne)

ISBN : 978-2-3225-6163-6
Dépôt légal : Février 2025

Je dédie ce nouveau livre à ma tendre mère,
Anne Dominique.

Remerciements

Je tiens avant toute chose à me féliciter pour l'aboutissement de ce livre. Il n'a pas été facile à écrire car le sujet s'autoriser à réussir n'est pas simple du tout. Commencer les remerciements en se félicitant soi-même n'est pas commun. Et pourtant, c'est ce que je vais vous conseiller dans ce livre.

Je vous invite à commencer à vous encourager, à reconnaitre votre valeur, vos progrès, vos efforts et vos réussites. Devenez votre meilleur.e ami.e sans, bien sûr, renier la grande contribution des autres.

C'est pourquoi mes pensées se tournent naturellement vers mon épouse Hind qui est un soutien si précieux. Nos échanges, ses retours, ses conseils et son écoute m'aident à devenir un meilleur homme.

Ensuite, j'aimerais aussi remercier mes tendres élèves que j'ai eu le plaisir d'accompagner jusqu'ici. Vous avez été une véritable source d'inspiration pour moi. J'ai apprécié chaque minute passée avec vous. Et surtout, j'ai été touché par vos évolutions et vos transformations. Je tiens à vous dire que vous m'avez beaucoup appris tant sur moi que sur le potentiel humain.

Et pour finir, je voudrais remercier l'un de mes coachs que j'ai eu ces dernières années, il s'agit de Guillaume Leroutier. J'ai apprécié chacune de nos séances. Merci pour ta compréhension, ta générosité et ton écoute.

Préface

Il y a quelques années, je ne m'autorisais jamais à prononcer le mot "réussite". Inconsciemment, bien sûr. Ce terme ne faisait pas partie de mon vocabulaire, car je ne croyais ni en ma réussite ni en moi-même. Comme beaucoup d'entre nous, j'ai grandi dans une famille aimante où mes principaux besoins étaient comblés. Mais en grandissant et en entrant dans la « vie d'adulte », je me suis rendu compte que cela ne suffisait pas.

En effet, j'étais plutôt du genre fataliste : je voyais les choses de manière négative, percevant davantage les obstacles que les opportunités, et ce, malgré de nombreuses réussites. J'avais, par exemple, obtenu mon permis à 18 ans, réussi mon baccalauréat avec mention bien, étudié seule pendant un an au Royaume-Uni, construit un groupe d'amis internationaux qui m'apprécient et avec qui j'ai des liens solides, ou encore obtenu un Master en Droit des affaires...etc. Pourtant, il suffisait qu'un défi se présente à moi pour que je me sente accablée et submergée par des émotions de désespoir et de tristesse.

Avec le recul, je prends conscience qu'il me manquait deux choses :

✓ Premièrement, l'amour de moi-même, car je ne percevais pas ma valeur, mon unicité, mes talents ni ce que je pouvais apporter au monde.

✓ Deuxièmement, le mental d'une personne déterminée à réussir ce qu'elle entreprend, malgré les défis de la vie.

Grâce au développement personnel et aux enseignements de Didié, j'ai réussi à transformer ces deux aspects de ma vie. J'ai d'abord travaillé sur l'amour de soi pour poser une base solide, puis j'ai réinventé mon identité. Avec le soutien de Didié, j'ai réussi à adopter un nouveau mindset : ma perception de la vie a évolué, j'ai appris à croire en moi, à m'aimer, à être plus ambitieuse, à obtenir un salaire plus élevé, un poste à responsabilités, à façonner la vie que je désirais et à voir les choses sous un angle plus positif. Néanmoins, il m'a fallu passer à l'action et accepter des réalités que j'évitais jusque-là. Aujourd'hui, je suis fière de ce travail accompli et du fait de m'être autorisée à réussir. Bien que je sache que le chemin est encore loin d'être terminé, la bonne nouvelle, c'est que la vie ne peut que s'embellir.

Voici les 7 raisons pour lesquelles je te recommande de lire ce livre :

1. Tu es à un moment de ta vie où tu stagnes, où tu te sens bloqué(e) dans un système dont tu veux sortir, mais tu ne sais pas comment faire.

2. Tu sais, tu le ressens au plus profond de toi, que tu es destiné(e) à quelque chose de plus grand.

3. Tu as entamé un travail sur toi-même, mais le chemin te semble encore long et difficile.

4. Tu as toujours douté de toi et tu penses que le succès n'est pas fait pour toi.

5. Tu souhaites disposer d'un processus concret pour t'accompagner sur le chemin de la réussite.

6. Tu as connu de belles réussites dans ta vie, mais aujourd'hui, tu as l'impression d'avoir atteint un plafond de verre.

7. Tu as envie d'un livre concret sur la réussite personnelle et tu veux comprendre les raisons pour lesquelles tu ne parviens pas à réussir pleinement.

Je pourrais encore énumérer bien d'autres raisons, mais je suis convaincue que si tu es en train de lire cette préface, c'est que tu as déjà pris la bonne décision.

Un dernier conseil qui m'a été transmis par Didié Gélanor : « Un livre, ça s'étudie. » Alors, munis-toi d'un carnet de notes, d'un surligneur et d'un crayon, et je te souhaite une excellente lecture !

INTRODUCTION

On parle souvent de la peur de l'échec, mais beaucoup moins d'une autre peur, tout aussi insidieuse : la peur de réussir. Une peur paradoxale, qui peut surprendre, et qui pourtant touche bien plus de personnes qu'on ne l'imagine.

Lorsque j'ai entendu parler de cette peur pour la première fois, j'avoue avoir été moi-même stupéfait. Comment pouvait-on avoir peur de réussir, d'exceller, de progresser ? Il me semblait évident que chacun aspirait naturellement à briller, à s'épanouir grâce à ses talents et ses compétences. Or, la réalité est tout autre. Il existe bel et bien des personnes qui, consciemment ou non, évitent le succès, craignent d'attirer l'attention.

À mon grand étonnement, j'ai réalisé que j'avais moi-même fait partie de ces personnes, sans vraiment en avoir conscience. Et c'est peut-être votre cas également. J'ai été le seul élève de ma classe à échouer à un examen officiel, alors que j'en avais les connaissances. Comment ai-je pu perdre mes moyens au moment crucial ? Quelques années plus tard, je me suis retrouvé dans la rue pendant plusieurs mois, cherchant un endroit où dormir, dans la même ville où vivait pourtant ma famille. Comment une telle situation a-t-elle pu se produire ?

Plus tard, lors de mes conférences et de mes séances de coaching, j'ai rencontré d'innombrables personnes incroyables, dotées d'un potentiel extraordinaire, mais qui vivaient bien en deçà de leurs capacités. Comment expliquer un tel gâchis ? Comment des personnes qui semblent tout avoir (argent, relations, intelligence, santé, amour) peuvent-elles se sentir vides malgré tout ? Et comment d'autres, qui semblent avoir toutes les cartes en main pour réussir, n'atteignent-elles jamais la vie qu'elles désirent ? Que dire de celles et ceux qui entament un projet important, mais ne le mènent jamais à terme ? Pendant ce temps, d'autres semblent transformer tout ce qu'ils touchent en or.

Toutes ces observations m'ont profondément interpellé. J'ai alors commencé à me poser des questions essentielles : pourquoi des personnes talentueuses peuvent-elles à la fois désirer ardemment la réussite et l'éviter inconsciemment ? Qu'est-ce qui effraie tant dans le succès ? Quelle est l'origine de ce blocage ? Pourquoi certains en souffrent-ils et d'autres non ? Et surtout, est-il possible de le surmonter ? Si oui, comment ?

Pour tenter de répondre à ces questions, je vous propose un échange sincère et direct, comme si nous étions en conversation. Je souhaite que ce livre soit une invitation à un dialogue simple et intime. Loin de toute prétention littéraire, je veux partager avec vous mes réflexions sur la réussite, avec une approche à la fois légère et profonde.

Imaginez-vous simplement assis à l'une de mes conférences, au sein de mon club *les Titans du Leadership* ou lors d'une séance de coaching.

Alors, installez-vous confortablement, préparez-vous une tasse de thé ou de café si le cœur vous en dit, et plongeons ensemble au cœur de cette exploration.

CHAPITRE 1 :

Ce qu'on ne vous dit pas sur la réussite

Pendant longtemps, j'ai vécu dans une certaine naïveté. Je croyais sincèrement que tout le monde aspirait à « réussir ». J'étais persuadé que c'était l'un des désirs les plus profonds et les plus universellement partagés par les êtres humains. Quelle erreur ! Je ne comprenais pas comment certaines personnes pouvaient inconsciemment s'empêcher de réussir, de briller, d'être pleinement heureuses, au point parfois de mettre en péril leur avenir, leur bien-être, voire même leurs relations familiales.

Mon expérience personnelle et de nombreuses heures de coaching m'ont appris une chose essentielle : nous sommes tous capables de nous mentir à nous-mêmes avec une grande habileté. Nous pouvons affirmer haut et fort désirer quelque chose, tout en l'évitant activement, parfois sans même nous en rendre compte. C'est ce qu'on appelle l'autosabotage. L'être humain est complexe. Je le suis. Vous l'êtes. Nous le sommes tous.

Cette complexité est précisément la raison pour laquelle la connaissance de soi est une clé fondamentale pour une vie épanouie. Comprendre nos motivations profondes, nos peurs et nos blocages est essentiel pour avancer sereinement.

Avant d'approfondir cet aspect, arrêtons-nous un instant sur la notion même de réussite, ou de succès. Essayons de comprendre pourquoi cette notion peut être source de difficultés et pourquoi certaines personnes ont tant de mal à atteindre la vie qu'elles désirent. Quelle que soit votre définition personnelle de la réussite, sachez que ce mot résonne d'une manière particulière dans votre esprit, surtout si vous n'avez jamais réellement expérimenté le succès dans votre vie. Il est souvent chargé d'idées préconçues et d'attentes, parfois irréalistes.

Commençons par une définition simple : la réussite est la réalisation progressive d'un idéal qui nous tient à cœur. C'est la poursuite et la concrétisation d'un projet, d'un rêve que l'on chérit. C'est un cheminement, un processus, et non un simple état final. Mais la réussite représente aussi bien d'autres choses : le changement, la nécessité de se montrer à la hauteur des attentes (les siennes et celles des autres), l'exposition aux regards, le risque d'être jugé en cas d'échec, une remise en question constante, des responsabilités accrues, la performance, l'obtention du respect, des prises de décisions parfois difficiles, et même le risque de décevoir son entourage.

Face à cet ensemble de défis, certaines personnes peuvent inconsciemment choisir de ne pas « réussir », préférant maintenir un statu quo rassurant, même s'il est insatisfaisant. C'est une réaction compréhensible, car la perspective du succès peut générer une pression considérable. Il faut pouvoir l'assumer, et ce n'est pas toujours simple.

Mais pourquoi est-ce si difficile ? Tout simplement parce que nous ne sommes souvent pas préparés à accueillir le succès. C'est la principale raison pour laquelle tant de personnes bloquent, procrastinent ou s'auto-sabotent. Elles manquent d'une préparation adéquate, tant sur le plan mental qu'émotionnel et pratique.

✓ Le succès implique des changements, connus et inconnus, qui peuvent déstabiliser notre équilibre.

L'inconnu fait peur, et le succès, par définition, nous propulse dans un territoire inconnu.

✓ Le succès exige une discipline et une constance que nous ne sommes pas toujours prêts à adopter, tant pour l'atteindre que pour le maintenir sur le long terme. Cela demande des efforts réguliers et une capacité à persévérer face aux difficultés.

✓ Le succès attire l'attention, nous expose aux regards, suscite parfois la jalousie et les critiques, générant ainsi de l'anxiété. Cette exposition peut être difficile à gérer pour certaines personnes.

✓ Le succès peut nous transformer, révélant le meilleur ou le pire de nous-mêmes. Il agit comme un révélateur de personnalité, amplifiant nos qualités comme nos défauts.

✓ Le succès peut éloigner certaines personnes, créant un sentiment de perte, même si notre évolution est positive. Nos relations peuvent évoluer avec notre succès, et il faut être prêt à gérer ces changements.

✓ Le succès implique de prendre de plus grandes responsabilités et donc de prendre des décisions importantes, ce qui peut être intimidant et source de stress.

✓ Le succès demande une meilleure gestion de soi, un équilibre entre vie professionnelle et vie personnelle, afin d'éviter l'épuisement et le déséquilibre.

✓ Le succès exige un certain niveau de performance au quotidien, un engagement constant que nous ne sommes pas toujours prêts à fournir.

J'espère qu'à travers ces explications, vous comprenez mieux pourquoi certaines personnes ont peur de réussir et pourquoi d'autres ne veulent même pas en entendre parler. Le prix à payer, tel qu'il est perçu, peut sembler trop élevé pour certains.

CHAPITRE 2 :

Pas d'alignement,

Pas de réussite

Les êtres humains ont souvent une connaissance limitée d'eux-mêmes. Ils s'appuient beaucoup sur leur intelligence, leur volonté et les avancées technologiques, mais ils négligent un élément crucial : leur inconscient.

Prenons un exemple concret : lors d'un spectacle d'hypnose, un hypnotiseur suggère à une femme, tout à fait saine d'esprit et en pleine forme physique, qu'elle est incapable de soulever un simple crayon posé devant elle. Sous hypnose, elle essaie, se démène, met toute sa force dans l'effort, mais en vain. Le crayon reste obstinément sur la table. Le public est stupéfait. Malgré toute sa bonne volonté, ses muscles semblent ne plus répondre. Elle tente bien de soulever l'objet par un effort conscient et l'utilisation de ses muscles, mais la suggestion hypnotique, ancrée dans son inconscient, la convainc de l'impossibilité de cette tâche. Son conscient et son inconscient sont en conflit.

De nombreuses personnes pensent pouvoir changer leur vie, réaliser leurs rêves et atteindre leurs objectifs grâce à une volonté de fer. C'est une illusion. Malgré tous leurs efforts conscients, elles risquent de rencontrer des échecs répétés si leur inconscient ne suit pas.

La raison est simple : leur inconscient n'est pas en accord avec leurs désirs et leurs décisions, qui émanent de leur conscience. Il y a un désalignement. Et tant que ce désalignement persiste, il est extrêmement difficile, voire impossible, de concrétiser ce qui nous tient réellement à cœur. Et même si l'on y parvient, cette réussite risque d'être éphémère. L'inconscient est extrêmement patient. Il n'est pas pressé. Il a tout son temps. Il fonctionne selon ses propres règles, souvent différentes de la logique consciente.

Mais pourquoi notre inconscient s'opposerait-il à notre réussite ? Son unique objectif est de nous protéger. C'est sa fonction première et vitale. Il cherche à nous protéger des dangers extérieurs, mais aussi de nous-mêmes, de nos propres décisions potentiellement risquées.

L'inconscient, on pourrait le comparer à un parent excessivement protecteur, qui manque de confiance en nous. Il part du principe que nous pouvons prendre des décisions irréfléchies. Il nous a vu faire des erreurs maintes et maintes fois depuis notre enfance, et il a accumulé un véritable dossier sur nous, à notre insu. En ce sens, il nous connaît parfois mieux que nous nous connaissons nous-mêmes. Il sait, par exemple, que nous avons peur du changement, que nous n'aimons pas les responsabilités trop importantes, que nous craignons le jugement des autres, que nous n'apprécions pas d'être sous les projecteurs… Il enregistre tout.

Le problème, c'est qu'il n'a pas mis à jour ses dossiers. Il se base sur des expériences passées, des peurs et des croyances souvent obsolètes. Et comme il est aussi un peu « paresseux » et que sa priorité absolue est de nous maintenir en sécurité, il n'approuve que les décisions, les rêves et les projets qui s'inscrivent dans notre zone de confort. Tout ce qui sort de ce cadre est perçu comme une menace. Dans son raisonnement simpliste, si nous sommes toujours « en vie », c'est que le statu quo fonctionne.

Notre bonheur n'entre pas dans l'équation. Il privilégie toujours le scénario qui lui semble le moins risqué et qui demande le moins d'efforts, même si ce scénario ne nous rend pas heureux.

J'espère qu'après cette explication, vous serez plus indulgent envers vous-même et envers les personnes de votre entourage qui ont du mal à progresser. Elles sont souvent prises au piège de ce conflit intérieur, échouant malgré elles. Ses meilleures armes pour nous maintenir dans notre zone de confort sont nos peurs, qui se manifestent par l'hésitation, la procrastination ou l'autosabotage. L'hésitation nous paralyse, la procrastination nous pousse à remettre les choses au lendemain, et l'autosabotage nous conduit à ruiner nos propres efforts.

L'inconscient est extrêmement puissant : il contrôle 96 à 98 % de nos perceptions et de nos comportements, tandis que le conscient n'en contrôle que 2 à 4 %. C'est une force considérable.

Si vous n'avez pas encore atteint le succès que vous désirez dans votre couple, votre entreprise, vos relations amicales ou même votre santé, sachez que cela est souvent dû à un manque d'alignement entre votre conscient et votre inconscient.

Mais rassurez-vous, ce manque d'alignement n'est pas une fatalité. Il est possible de le corriger en sortant de nos conditionnements. C'est ce que nous explorerons plus en détail dans ce livre.

CHAPITRE 3 :

Sortez de votre conditionne-ment à l'échec

Nous sommes tous, à des degrés divers, conditionnés par les pensées, les actions et les comportements de notre entourage. Ce conditionnement, souvent involontaire mais bien réel, crée un ensemble d'idées et de concepts que nous finissons par accepter comme des vérités absolues. Pourtant, ces idées ne sont ni vérifiées, ni même issues de notre propre réflexion. C'est ce que l'on appelle les croyances.

Ces idées, une fois transformées en croyances profondément ancrées, ont un impact comparable aux suggestions d'un hypnotiseur sur un spectateur. On pourrait penser que l'hypnotiseur exerce un pouvoir mystérieux, mais la réalité est plus nuancée. C'est le spectateur lui-même qui, en accordant du crédit à l'expérience, participe activement au processus. C'est sa propre croyance en la possibilité de l'hypnose qui la rend efficace. On peut donc dire qu'il s'auto-hypnotise.

De la même manière, lorsque nous avons évolué dans un environnement peu favorable à notre épanouissement – que ce soit à l'école, en famille, dans notre couple, en entreprise ou au sein de la société – nous avons intégré des idées fausses sur nous-mêmes, sur nos capacités, sur le monde, sur ce qui est possible ou non, sur la nature humaine et sur le fonctionnement de la société. Ces idées fausses, auxquelles nous avons cru et que nous avons intériorisées, sont devenues des croyances limitantes. Et ces croyances ont façonné une image de nous-mêmes, une perception de notre identité.

Il est crucial de bien comprendre ce mécanisme : il nous est pratiquement impossible d'agir en contradiction avec l'image que nous avons de nous-mêmes. Cette image fait partie intégrante de notre identité, elle est comme un filtre à travers lequel nous interprétons le monde et nos expériences. Ce conditionnement devient alors une sorte de programmation, un fonctionnement automatique qui rend prévisibles nos émotions, nos actions et, par conséquent, nos résultats. Nous réagissons de manière conditionnée face à certaines situations, souvent sans même nous en rendre compte. Sans le savoir, nous sommes pris en otage par cette image de nous-mêmes, par ce paradigme. Mais rassurez-vous, il est tout à fait possible de se libérer de cette emprise.

Cependant, tant que nous fonctionnons en pilote automatique, nous continuerons à reproduire les mêmes schémas : les mêmes pensées, les mêmes dialogues intérieurs, les mêmes émotions et, inévitablement, les mêmes résultats. C'est tout à fait logique, puisque nous évoluons dans la vie avec des informations erronées, des croyances qui ne nous appartiennent même pas, mais auxquelles nous avons accordé du crédit simplement parce qu'elles provenaient de notre entourage, de figures d'autorité ou de la société.

Cette image de nous que nous avons forgée inconsciemment est stockée dans notre inconscient, qui a paramétré notre vie par défaut, à notre insu (je tiens à le souligner). Rappelez-vous : il a tout enregistré depuis notre naissance, chaque expérience, chaque parole, chaque émotion. C'est ce que l'on appelle la création d'un paradigme. Le paradigme est une autre façon de désigner l'image de soi, un ensemble de croyances, de pensées, d'habitudes et de valeurs qui façonnent notre perception du monde et notre manière d'agir. C'est comme une paire de lunettes dont les verres colorés influencent notre vision de la réalité. Si vous croyez, par exemple, que la vie est une lutte constante ou que vous n'êtes pas digne de réussir, votre paradigme influencera vos actions et vous agirez inconsciemment de manière à confirmer cette croyance. Vous adopterez des comportements d'évitement, de procrastination ou d'autosabotage.

Ainsi, sans même le savoir, vous vous construisez une identité de « loser » ou de « winner ». Vous constatez simplement que vous rencontrez des difficultés récurrentes dans certains domaines de votre vie, malgré les formations que vous suivez, malgré votre potentiel, malgré votre volonté et même malgré vos moyens financiers. Car, je le répète, vous ne pouvez pas agir durablement en contradiction avec votre identité profonde.

C'est la même chose pour les personnes qui ont une identité de « winner ». Tout semble leur réussir. Même face à des épreuves qui devraient les anéantir, elles parviennent à rebondir et à se relever. Elles agissent en accord avec leur identité de personne capable de surmonter les obstacles. C'est pourquoi l'auteur Maxwell Maltz, dans son livre Psycho-cybernétique, parle de « mécanismes de succès » et de « mécanismes d'échec ».

Nous avons tous, consciemment ou non, l'un ou l'autre de ces mécanismes qui opèrent en nous. Ces mécanismes sont extrêmement puissants et dirigent une grande partie de notre vie. Pour transformer votre vie, il est donc essentiel de changer de mécanisme, c'est-à-dire d'influencer votre identité afin de développer une image de soi qui corresponde à la personne que vous aspirez à devenir. C'est en agissant sur votre identité que vous pourrez modifier durablement vos émotions, vos comportements, vos actions et, par conséquent, vos résultats.

Et pour cela, il est crucial de transformer la manière dont vous vous parlez, la manière dont vous parlez de vous-même, de vos talents, du monde, de votre couple et de votre vie en général. Car votre inconscient enregistre absolument tout. Pour qu'il comprenne la nouvelle direction que vous souhaitez prendre, il est impératif de lui communiquer clairement qui vous voulez ÊTRE.

C'est ce que j'ai moi-même mis en pratique pour passer du statut de sans-abri à celui de conférencier, d'auteur et de formateur, invité sur des plateaux de télévision et à l'étranger pour donner des conférences. Cette méthode fonctionne. Je l'ai utilisée avec de nombreuses personnes dans le cadre de mes coachings, et elle a donné des résultats remarquables. Il existe différentes façons de l'appliquer, que nous explorerons plus loin.

CHAPITRE 4 :

Votre droit de réussir

« Votre temps est limité, ne le gâchez pas en vivant la vie de quelqu'un d'autre. » – Steve Jobs

Chacun d'entre nous possède un droit fondamental, un droit inhérent à son existence : celui de s'accomplir pleinement. Pourtant, il est frappant de constater que ce droit n'est pas exercé par tous avec l'ardeur et la conviction qu'il mérite.

À la naissance, nous sommes animés d'une soif de découverte et d'une volonté innée de nous réaliser. Chaque enfant explore le monde avec curiosité et enthousiasme, sans se soucier des limites ou des obstacles. Mais, au fil du temps, un changement s'opère. Nos ambitions s'amenuisent, notre enthousiasme s'estompe. Nous ne nous levons plus chaque matin avec cette étincelle dans les yeux, cette énergie communicative qui semblait proclamer au monde que nous étions prêts à conquérir l'aventure. Nous rions moins spontanément, nous prenons moins de risques, nous nous conformons davantage aux attentes extérieures. Nous constatons alors, souvent avec regret, un décalage croissant entre la personne que nous aspirions à être et celle que nous sommes devenus. Cette dissonance peut engendrer un sentiment de frustration, voire de profonde insatisfaction.

Heureusement, notre droit de réussir, notre droit à l'épanouissement, n'est jamais définitivement perdu. Il sommeille en nous, prêt à se réveiller, à être activé. Cependant, il est souvent emprisonné, bridé par des peurs profondément ancrées. Ce sont ces peurs qui nous incitent à la prudence excessive, à adopter une vie en demi-teinte, à nous contenter de moins que ce que nous pourrions atteindre. Elles nous maintiennent dans une zone de confort illusoire, nous empêchant de déployer nos ailes et de réaliser notre plein potentiel.

Penchons-nous maintenant sur ces peurs qui vous empêchent de vivre la vie dont vous rêvez :

✓ *La peur de réussir/briller* : Paradoxalement, cette peur nous susurre que nous ne méritons pas le bonheur ou que notre succès attirera des ennuis, des jalousies, voire des représailles.

Elle associe la réussite à une forme de culpabilité ou de danger.

✓ *La peur d'échouer* : Cette peur, très répandue, nous persuade que toute tentative se soldera inévitablement par un échec cuisant, une catastrophe personnelle. Elle nous paralyse et nous dissuade d'agir.

✓ *La peur de ne pas être à la hauteur* : Elle génère un sentiment d'infériorité face à un projet ou un objectif, nous donnant l'impression que nous ne possédons pas les compétences, les ressources ou le talent nécessaires pour y parvenir. Elle mine notre confiance en nous.

✓ *La peur de ne pas être aimé* : Cette peur englobe la crainte d'être rejeté, abandonné, exclu. Elle remet en question notre valeur personnelle et notre droit à l'existence, nous faisant croire que nous ne sommes rien sans l'approbation des autres.

✓ *La peur de manquer* (de ressources, d'argent, etc.) : Elle nous plonge dans une anxiété constante face à l'avenir, nous donnant l'impression que notre situation est précaire et que nous risquons de tout perdre à tout moment. Elle nous maintient dans un état de stress et d'insécurité.

✓ *La peur de décevoir* : Cette peur nous empêche d'être authentiques et de vivre en accord avec nos valeurs. Elle nous pousse à vouloir plaire à tout prix, à dire « oui » même quand nous pensons « non », à sacrifier nos propres besoins et désirs pour satisfaire les attentes des autres.

Il existe bien d'autres peurs encore, mais celles-ci sont parmi les plus courantes chez les personnes qui rencontrent des difficultés à mener une vie épanouissante et extraordinaire. Peut-être avez-vous reconnu parmi ces peurs celles qui vous entravent le plus. Il est important de les identifier pour pouvoir les dépasser.

Nous constatons donc que le principal frein à notre réussite est d'ordre mental et, bien souvent, inconscient. Il est le fruit de notre éducation, de nos expériences passées et de notre conditionnement. Ces peurs se sont ancrées en nous, influençant nos pensées, nos émotions et nos comportements.

Malgré ces freins, il est essentiel de souligner que nous possédons tous les moyens et les capacités nécessaires pour aller chercher les ressources dont nous avons besoin afin d'atteindre le succès et l'épanouissement auxquels nous aspirons. La clé réside dans la prise de conscience de ces peurs et dans la volonté de les dépasser.

CHAPITRE 5 :

Se programmer pour réussir

La plupart des gens se parlent très mal. Ils se dénigrent, se critiquent sévèrement, se traitent comme des moins que rien, et s'étonnent ensuite que rien ne se déroule comme ils le souhaiteraient. Je me souviens qu'avant de me retrouver à la rue, je me répétais sans cesse que j'étais nul, que je ne ferais jamais rien de grand parce que je n'avais pas de diplôme universitaire. Ces pensées négatives ont contribué à ma descente aux enfers.

Avec le recul, je réalise que mes échecs les plus cuisants coïncident avec les périodes où je me sentais le plus démuni, le plus désespéré. Inversement, dès que j'ai changé mon discours intérieur, dès que j'ai commencé à croire que je méritais le meilleur, ma vie a commencé à s'améliorer de manière spectaculaire, presque miraculeuse.

Le problème avec ceux qui tardent à changer ou qui doutent de leur propre capacité de transformation, c'est qu'ils n'y croient pas vraiment. Ils sont tellement attachés à avoir raison sur leurs propres limites, tellement enfermés dans leurs schémas négatifs, qu'ils ne se donnent même plus la chance de constater le contraire. Dans ces cas-là, la difficulté se situe au niveau de l'estime de soi, de la valeur que l'on s'accorde. Ces personnes sont devenues si pessimistes à leur propre sujet qu'elles n'attendent plus rien de la vie. Je vous en prie, ne tombez pas dans ce piège. J'ai eu la chance de croiser une personne qui m'a aidé à me voir sous un autre jour, car, au fond de moi, j'avais gardé une étincelle d'espoir. Une petite voix intérieure me soufflait qu'un jour, j'aurais ma chance. À force de me répéter cette affirmation, j'ai fini par y croire. Et lorsque l'opportunité s'est présentée, j'ai su la saisir.

Il est absolument indispensable de se traiter avec respect et bienveillance. Pour neutraliser les pensées limitantes qui vous empêchent de devenir la personne exceptionnelle que vous êtes destiné à être, vous devez devenir votre meilleur ami. Félicitez-vous pour vos réussites, même les plus petites. Soyez fier de vous et exprimez cette fierté intérieure le plus souvent possible. Je vous invite à un exercice puissant : rédigez une page publicitaire sur vous-même. Une page qui vante vos mérites, vos réalisations passées, présentes et futures. Je comprends que cela puisse sembler étrange ou prétentieux, mais croyez-moi, faites-le !

Personnellement, je me souviens me tenir devant mon miroir chaque matin, me répétant avec conviction : « Je suis une personne à succès, je réussis tout ce que j'entreprends, je suis un conférencier extraordinaire... » Saturez votre esprit des images et des sensations de ce que vous voulez devenir, de ce que vous aspirez à avoir et de ce que vous rêvez de faire. Devenez obsédé par la réalité que vous souhaitez créer. Voici un point crucial : portez une attention particulière à chaque progrès, à chaque amélioration, même minime.

J'ai constaté que la plupart des gens ne prennent pas le temps d'évaluer leur progression. Ils ne mesurent jamais leurs avancées, et s'étonnent ensuite de stagner. Tenir un journal de développement personnel est extrêmement utile. Il vous permet de renforcer les changements que vous mettez en œuvre et sert de suivi tangible de votre évolution.

Pour revenir à l'exercice de la page publicitaire, comprenez bien que vos paroles et vos pensées ont un pouvoir bien supérieur à celles du plus grand coach au monde. C'est pourquoi, même lorsqu'une phrase positive vous a marqué, répétez-la inlassablement.

Autre outil puissant : les citations inspirantes. Beaucoup sous-estiment leur impact. Elles peuvent être une source de motivation et de transformation profonde. Voici comment les utiliser efficacement : choisissez une citation qui résonne particulièrement en vous. Je me souviens d'une phrase de Sénèque qui m'avait profondément marqué : « ce n'est pas parce que les choses nous semblent difficiles que nous n'osons pas, mais c'est parce que nous n'osons pas qu'elles nous semblent difficiles. »

La première fois que je l'ai entendue, j'ai été frappé par sa justesse et sa profondeur. Je l'ai notée et j'ai commencé à me la répéter chaque jour. Puis, j'ai entrepris de méditer sur son sens. Je me demandais ce qu'elle signifiait réellement, pourquoi elle me touchait autant. Au fil du temps, j'ai constaté des changements en moi. Je devenais plus courageux, plus audacieux. J'osais davantage, presque inconsciemment.

En saturant mon esprit de ces pensées et de ces paroles, j'influençais positivement ma personnalité. Cela a eu un effet boule de neige : j'ai commencé à mieux me respecter, à me traiter avec bienveillance, à prendre conscience de ma valeur, à obtenir des résultats remarquables et à m'aimer de plus en plus. J'attendais avec impatience chaque soir le moment de retrouver mon journal, ce rendez-vous privilégié avec moi-même.

CHAPITRE 6 :

Définir son propre succès

Voici un chapitre essentiel. Si vous en saisissez la portée, je n'aurai plus d'inquiétude pour votre parcours.

C'est dans la clarification de la notion de réussite que beaucoup se perdent. Ils n'ont pas conscience de ce qu'ils désirent vraiment. Le but de ce chapitre est de vous déculpabiliser et de rendre la réussite plus accessible, plus personnelle. Votre réussite doit s'aligner sur vos besoins profonds. Elle doit transcender les définitions familiales, sociales, religieuses et conventionnelles. Réussir est un véritable acte de liberté et d'indépendance. C'est s'accorder un grand « oui » à soi-même. C'est un cheminement vers la meilleure version de soi. C'est l'expression de vos plus belles aspirations. C'est pourquoi le cheminement est souvent plus important que le but ultime.

J'apprécie particulièrement cette définition de la réussite, formulée par Earl Nightingale, un conférencier américain de renom, qui fut la première personne au monde à vendre un enregistrement audio à des millions d'exemplaires sans qu'il s'agisse de musique. Il disait que la réussite est la réalisation progressive d'un idéal qui nous tient à cœur. Dans cette définition, deux éléments me semblent fondamentaux :

1. Réalisation progressive : Nightingale met l'accent sur la notion de progression, d'évolution continue. La réussite n'est donc pas une course effrénée, mais plutôt un marathon où chaque pas compte, a un sens et un impact non négligeable. C'est un processus d'amélioration constante.

2. Un idéal qui nous tient à cœur : Combien d'entre nous ont réellement conscience de leur idéal profond ? Comme je l'ai mentionné dans les chapitres précédents, une partie importante de la population vit comme sous hypnose, s'appropriant des rêves qui ne sont pas les leurs, influencés par la publicité et les attentes extérieures, s'éloignant ainsi de leurs véritables désirs.

Trouver son idéal est devenu plus complexe qu'il y a quelques décennies. Autrefois, le principal obstacle était le manque de ressources. Aujourd'hui, alors que les ressources abondent, le problème réside dans la surabondance de distractions. L'expression « qui nous tient à cœur » est cruciale. Elle implique de choisir, parmi nos idéaux, celui qui nous nourrit véritablement, celui qui résonne avec notre essence. Et, croyez-moi, c'est une difficulté majeure pour beaucoup, car ils ne savent pas s'écouter, identifier leurs besoins profonds.

Prenons un exemple : parmi vos idéaux, vos rêves, on pourrait citer : conduire une Lamborghini, faire le tour du monde, se faire tatouer, fonder une famille aimante, acheter une maison, gagner plus d'argent…

Certaines personnes pourraient choisir de gagner plus d'argent au détriment de leur famille, non pas par manque d'amour, mais parce qu'elles croient sincèrement que l'argent leur permettra de mieux prendre soin de leur famille. Leur équation est : beaucoup d'argent = famille épanouie. Elles ne comprendront pas les reproches concernant leur choix ou leur comportement auprès de leurs enfants et de leur famille

Avoir des rêves est merveilleux, mais il est essentiel d'avoir le discernement nécessaire pour identifier ceux qui contribuent réellement à votre épanouissement. Pour cela, il est crucial de faire le tri entre les rêves suggérés par vos parents, vos amis, vos voisins, vos enfants, la société, la religion ou vos ancêtres.

Voici un exercice puissant pour vous y aider. Accordez-vous un moment de calme et de solitude pour le réaliser. Établissez une liste de 100 rêves que vous aimeriez réaliser. Oui, vous avez bien lu : 100. L'intérêt de ce nombre est que, parmi ces 100 rêves, certains ne viendront pas de vous, mais auront été suggérés par votre entourage et que vous vous serez appropriés, vivant ainsi la vie de quelqu'un d'autre. Parmi ces 100 rêves, certains vous sembleront futiles, insolites, voire impossibles. C'est normal. N'ayez aucun jugement sur ce que vous écrivez. Laissez libre cours à votre imagination, videz votre esprit. Ne sous-estimez pas cet exercice, il est extrêmement révélateur. Vous découvrirez des rêves profondément enfouis. Votre enfant intérieur vous en remerciera. Cet exercice peut même vous aider à découvrir qui vous êtes vraiment ou qui vous aspirez à devenir.

Une fois votre liste de 100 rêves complétée, sélectionnez-en 10 qui vous enthousiasment et vous nourrissent véritablement. Non pas ceux qui prouveront aux autres votre réussite, mais ceux qui résonnent avec votre être profond. Ces rêves peuvent concerner votre épanouissement personnel, professionnel, ou les deux.

Enfin, parmi ces 10 rêves, choisissez celui par lequel vous souhaitez commencer.

Pour réaliser cet exercice, trouvez un endroit calme, préparez-vous une boisson chaude, mettez une musique inspirante et munissez-vous de votre carnet de notes.

Amusez-vous bien dans cette exploration de vous-même !

CHAPITRE 7 :

Créez un environnement propice à votre succès

Si vous aspirez au succès, il est primordial de cultiver un environnement qui l'encourage. C'est une des premières étapes, et pourtant, elle est souvent négligée. Beaucoup pensent que l'environnement n'a pas d'impact significatif sur leur parcours. Ils se trompent lourdement.

Votre environnement actuel est le résultat de vos choix passés et vous a mené là où vous êtes aujourd'hui. Inconsciemment, vous avez créé des ancrages qui peuvent limiter votre ascension, car les mêmes déclencheurs produisent souvent les mêmes effets. Si vous souhaitez franchir un cap, atteindre un niveau supérieur et vivre une nouvelle réalité, vous devez agir sur votre environnement.

Lorsque j'aborde ce sujet en conférence, certains pensent immédiatement à un changement radical de lieu de vie, un déménagement à l'étranger ou dans une autre ville. Bien que cela puisse être bénéfique pour certains, ce n'est pas toujours nécessaire, ni même possible. Quand je vous invite à changer d'environnement, il s'agit avant tout de créer intentionnellement un cadre de vie et de travail qui favorise votre croissance personnelle et professionnelle. C'est une démarche active et consciente.

Sachez que vous êtes constamment stimulé par vos cinq sens : la vue, l'ouïe, l'odorat, le toucher et le goût. Pour cultiver un environnement propice à votre succès, il est essentiel d'agir sur ces cinq sens. L'environnement physique : Votre maison, votre chambre, votre bureau, votre voiture, votre tenue vestimentaire reflètent-ils la personne que vous aspirez à devenir ? Beaucoup ne réalisent pas à quel point leur environnement physique peut influencer leur réussite, positivement ou négativement. Pour que votre inconscient soit un allié dans votre quête du succès, offrez-lui des indices clairs qui l'aideront à intégrer votre nouvelle identité.

Par exemple, vous pourriez réorganiser votre salon, afficher une photo de vous qui vous inspire particulièrement, porter des vêtements qui vous mettent en valeur et vous donnent confiance, nettoyer et entretenir régulièrement votre voiture, ranger votre bureau, créer un tableau de visualisation (vision board) … Ces actions, bien que simples, envoient des signaux puissants à votre inconscient.

On observe souvent des personnes afficher des symboles religieux dans leur voiture, par exemple. Pourquoi ne pas faire de même pour symboliser votre engagement envers votre réussite ? Quels objets, quels symboles représentent la confiance que vous avez en la réalisation de vos projets ? Avez-vous pensé à un parfum qui évoque pour vous le succès ?

Comme je l'ai mentionné précédemment, vous avez peut-être inconsciemment créé des ancrages négatifs chez vous, qui freinent votre croissance en ravivant de mauvais souvenirs et en vous plongeant dans des émotions négatives. Sachez que vous pouvez inverser cette dynamique et créer, cette fois consciemment, des ancrages positifs.

L'environnement social : Vous avez également besoin d'un réseau qui vous soutienne et vous encourage dans votre parcours. Un réseau solide est un puissant catalyseur de succès. Cultivez des relations avec des personnes positives, inspirantes et qui partagent vos valeurs.

L'environnement auditif : Avez-vous une playlist de musique qui vous motive et vous encourage à vous dépasser ? Si ce n'est pas le cas, créez-en une sans tarder. Vous devez avoir à portée de main des morceaux qui vous aident à donner le meilleur de vous-même, comme le font les athlètes de haut niveau. Des musiques qui vous aident à vous recentrer, à vous dynamiser ou à élever votre état d'esprit.

Dans le même ordre d'idées, quelles sont les personnes que vous écoutez le plus ? Leurs paroles vous motivent-elles ou vous plongent-elles dans le doute et le désespoir ? Il est crucial de choisir avec soin les informations et les influences que vous laissez pénétrer votre esprit. C'est essentiel pour votre santé mentale et votre réussite. Assistez à des conférences inspirantes, participez à des séminaires enrichissants, écoutez des podcasts motivants. Nourrissez votre esprit de contenus positifs et constructifs. Et surtout, soyez attentif à votre dialogue intérieur. Que vous dites-vous à vous-même ? Si vos pensées sont négatives et dévalorisantes, changez immédiatement votre discours. Commencez à vous parler comme à un champion, une championne. Votre succès en dépend.

L'environnement visuel : Lorsque vous vous réveillez le matin, la première chose que vous voyez vous inspire-t-elle ? Ce que vous regardez vous remplit-il de gratitude, de courage et de confiance ? Pensez à utiliser des images inspirantes sur votre téléphone, votre ordinateur ou autour de vous, des images qui vous projettent instantanément dans la réalité que vous désirez. Votre agenda est-il organisé ? Si oui, vous avez compris l'importance de la planification et de la clarté visuelle.

L'environnement olfactif : Ayez un « parfum du succès ». Cela peut sembler anodin, mais c'est un détail puissant. Choisissez un parfum que vous portez pour vous impressionner vous-même, un parfum qui vous rappelle pourquoi vous poursuivez vos objectifs, un parfum qui vous aide à vous aligner sur le chemin de la grandeur.

L'environnement gustatif : Prenez soin de votre énergie. Votre alimentation est votre carburant. Sans énergie, il est difficile d'avancer. Adoptez une alimentation équilibrée et adaptée à vos besoins.

L'environnement temporel : optimiser son temps et son énergie. L'optimisation du temps et de l'énergie est souvent négligée dans les discussions sur la réussite. Ce fut mon cas pendant longtemps. J'avais du mal à gérer mon temps et mes priorités, ce qui me mettait constamment sous pression et me dispersait. J'ai alors découvert la technique Pomodoro, qui consiste à se concentrer intensément sur une tâche pendant 25 minutes, suivies d'une pause de 5 minutes. On répète ce cycle jusqu'à l'achèvement de la tâche. J'ai également utilisé la matrice d'Eisenhower, qui classe les tâches selon leur importance et leur urgence. Auparavant, j'avais tendance à considérer toutes mes tâches comme importantes et urgentes. Quelle erreur !

La loi de Pareto, qui stipule que 20 % des efforts produisent 80 % des résultats, a été une révélation. Je travaillais sans relâche sans obtenir les résultats escomptés. Grâce à cette loi, j'ai compris que je devais concentrer mes efforts sur les actions les plus efficaces.

Respecter son rythme biologique et son sommeil est également crucial. Une réussite globale passe par un bien-être physique et mental. Un sommeil de qualité et une routine régulière sont essentiels pour une performance optimale.

Enfin, n'oubliez pas l'importance des pauses et des moments de détente pour recharger vos batteries et maintenir votre motivation sur le long terme. Intégrez des activités relaxantes, de la méditation ou des loisirs dans votre quotidien.

En conclusion, en créant consciemment un environnement encourageant, vous facilitez grandement votre propulsion vers le succès. Votre réussite a besoin d'être nourrie et encouragée, et votre environnement joue un rôle capital dans ce processus.

CHAPITRE 8 :

S'instruire pour réussir

L'apprentissage est un pilier fondamental, souvent sous-estimé, pour quiconque aspire à transformer sa réalité. Au-delà de l'action, dont nous parlerons plus tard, le pouvoir de l'instruction personnelle, de l'auto-éducation, est considérable. Malheureusement, même ceux qui en comprennent l'importance l'abordent parfois de manière inefficace, se contentant d'une approche superficielle.

Prenons l'exemple de personnes ayant connu le succès sans diplômes universitaires. Comment ont-elles atteint un tel niveau de réussite ? La réponse réside dans l'auto-éducation, une démarche proactive et responsable que vous entreprenez vous-même en lisant cet ouvrage. Il s'agit d'assumer pleinement la responsabilité de son propre développement à travers l'apprentissage continu, une soif constante de connaissances et de compétences. L'auto-éducation n'est pas un substitut aux études formelles pour tout le monde, mais elle est un complément essentiel, voire une alternative puissante, pour ceux qui souhaitent tracer leur propre chemin.

Après avoir défini le rêve ou l'objectif que vous souhaitez atteindre, il est essentiel de reconnaître que des connaissances spécifiques peuvent vous manquer. Ne pas l'admettre serait une forme d'orgueil. L'humilité intellectuelle est une force. Reconnaître ses lacunes est le premier pas vers leur comblement. Cette prise de conscience ouvre la porte à l'apprentissage et à la croissance.

Lorsque j'ai décidé de devenir conférencier, j'ai compris que je devais me former pour concrétiser cette ambition. J'ai ainsi acheté mon premier livre sur la prise de parole en public. Ensuite, j'ai poursuivi mes recherches de manière autonome, en me demandant : « Comment devient-on conférencier ? » J'ai contacté des conférenciers reconnus au Canada, puis je me suis inscrit à une formation sur l'art de parler en public et de donner des conférences. J'ai aussi étudié l'histoire de l'art oratoire, les techniques de persuasion, la psychologie de l'audience et bien d'autres domaines connexes. J'ai étudié ce domaine avec une telle assiduité, une telle passion, que je suis devenu vice-champion de France des meilleurs orateurs.

Aujourd'hui, mes conférences ne laissent personne indifférent. Cette expérience m'a appris que l'investissement personnel dans l'apprentissage porte toujours ses fruits. On entend souvent des personnes justifier leur inaction par un manque de savoir-faire, comme si la solution devait leur tomber du ciel. Il est indispensable d'aller activement à la conquête de l'information qui vous donnera la confiance nécessaire pour démarrer votre projet. Cette quête ne doit jamais s'arrêter, car le monde évolue constamment et de nouvelles connaissances émergent chaque jour.

Certains attribuent leurs échecs aux formateurs, aux formations ou aux livres qu'ils ont consultés. Ce sont des excuses stériles. Une personne déterminée à réussir ne cherche pas de boucs émissaires ; elle cherche des solutions, des alternatives, des angles d'approche différents. Elle tire des leçons de chaque expérience, même négative. L'échec devient alors une opportunité d'apprentissage.

Je vous encourage vivement à prendre la responsabilité de votre éducation. Si vous avez acheté un livre, étudiez-le activement. Prenez des notes, soulignez les passages importants, contactez l'auteur si possible, reformulez les concepts avec vos propres mots.

L'enseignement actif, qui consiste à expliquer à quelqu'un d'autre ce que l'on a appris, est une excellente méthode pour consolider ses connaissances. De même, lors d'une formation, posez des questions, cherchez les réponses qui vous préoccupent et mettez immédiatement en pratique ce que vous avez appris.

La passivité est votre pire ennemi. L'expérimentation et la mise en pratique sont les véritables moteurs de l'apprentissage. Je vois trop de personnes se contenter d'accumuler des connaissances sans les mettre en application. Elles ne transforment pas les leçons apprises en actions concrètes. C'est une erreur fatale. La connaissance non appliquée est une connaissance perdue.

Pensez à Elon Musk, qui a interrompu ses études d'ingénieur pour se lancer dans ses projets, ou à Steve Jobs, qui a fait de même pour concentrer ses connaissances sur ses entreprises. Ces exemples illustrent la puissance de l'apprentissage autodidacte, mais ils ne doivent pas être interprétés comme un rejet des études formelles. Attention, je ne dis pas que les études sont inutiles. Bien au contraire. Elles sont précieuses, mais vous devez en prendre le contrôle. Ne vous laissez pas passivement guider. Planifiez votre éducation en fonction de vos objectifs. Définissez des objectifs d'apprentissage clairs, identifiez les ressources dont vous avez besoin et suivez votre progression.

Ne lisez pas un livre simplement pour le lire, mais parce qu'il vous rapproche de la réalisation de vos rêves. Chaque lecture, chaque formation, chaque conversation doit être une étape vers votre but.

Votre auto-éducation est primordiale. Elle est le moteur de votre réussite et l'expression de votre volonté d'évoluer. Ce sont ces petites actions quotidiennes, cet investissement constant dans votre développement personnel et professionnel, qui garantissent votre progression. Tous les leaders le savent : l'apprentissage est un voyage sans fin.

CHAPITRE 9 :

Gérer les critiques, les échecs et le syndrome de l'imposteur

Transformer les obstacles en tremplins

Nous avons vu que certaines personnes ont peur de réussir, peut-être parce qu'elles craignent d'attirer l'attention. Et souvent, une des peurs qui les freinent est celle d'être critiquées. Cette crainte est profondément ancrée en nous, souvent issue d'expériences passées. Nous nous rappelons tous de ces moments de notre enfance où, à l'école ou en famille, nous nous sommes sentis mal à l'aise, voire blessés, après avoir reçu une critique désagréable.

Peut-être qu'un souvenir précis vous vient à l'esprit à l'instant même, témoignant de son influence négative persistante. Ces expériences marquantes peuvent créer une association négative entre l'action et la critique, nous incitant à éviter toute situation susceptible de nous exposer à nouveau.

Il est donc normal que certaines personnes veuillent éviter de revivre ces moments pénibles, surtout les personnes hypersensibles, dont la réceptivité émotionnelle est plus intense. Cette sensibilité, bien que constituant une force, peut rendre les critiques particulièrement difficiles à gérer. Mais est-ce une solution efficace ? Allez-vous ignorer votre potentiel, renoncer à vos ambitions, pour ne plus jamais être critiqué ? Certainement pas. Cela n'a aucun sens. Ce serait comme se priver d'air pour ne plus sentir le vent.

Ce que nous allons faire, c'est désacraliser la critique. Trop souvent, nous lui accordons un pouvoir disproportionné, et surtout à son auteur. Nous la laissons-nous définir et influencer nos actions. La critique, c'est tout simplement l'opinion d'une personne sur ce que vous avez fait. Une opinion, rien de plus. Elle est subjective, basée sur le point de vue, les valeurs et les expériences de celui qui l'exprime. Elle ne reflète pas nécessairement la vérité absolue. Dans votre vie, vous allez en recevoir, croyez-moi. Même si vous vous cachiez dans une campagne reculée, il y aurait toujours quelqu'un pour exprimer un avis sur votre environnement, votre mode de vie ou votre apparence. L'opinion est inhérente à l'interaction humaine. Même les enfants de trois ans ont une opinion. Alors, arrêtez de croire qu'une opinion est une vérité immuable. Ce sont des mots qui sortent de la bouche d'une personne qui n'a pas votre histoire, votre vécu, vos motivations, vos compétences et vos objectifs. Ces mots n'ont pas de pouvoir intrinsèque, à part celui que vous leur donnez. Ils ne devraient en aucun cas remettre en question votre existence, votre valeur ou votre potentiel. Votre identité ne se définit pas par le regard des autres.

À partir d'aujourd'hui, n'ayez de considération que pour les opinions que vous avez sollicitées. Cela signifie que vous choisirez avec minutie les personnes dont vous recherchez l'avis. Entourez-vous de mentors, de conseillers de confiance, de personnes dont le jugement est éclairé et constructif. À partir de maintenant, on n'écoute plus n'importe qui. Cela veut aussi dire que vous allez apprendre à vous endurcir émotionnellement. S'il suffit de quelques mots pour vous déstabiliser, il est important de renforcer votre résilience. Cela ne signifie pas devenir insensible, mais plutôt développer la capacité à gérer les critiques de manière constructive, sans les laisser vous affecter outre mesure.

Le problème ici, c'est souvent un besoin d'être aimé de tout le monde. Il va falloir en finir avec cette quête illusoire. Tout le monde ne vous aimera jamais. C'est une réalité que nous devons tous accepter. L'acceptation de cette vérité libère une énergie considérable et permet de se concentrer sur ce qui compte vraiment : ses propres objectifs et ses valeurs. Plus tôt cela sera clair pour vous, mieux ce sera, car vous allez faire beaucoup d'erreurs dans votre vie.

C'est notre mode d'apprentissage : essai-erreur-essai-erreur-réussite-essai-erreur… L'erreur fait partie intégrante du processus d'apprentissage et de croissance. Donc, les échecs, vous allez en avoir, les critiques aussi, mais il s'agit de votre vie, de votre projet, de votre "bébé". Aucune critique ou aucun échec au monde ne devrait vous déstabiliser au point de tout arrêter.

Chaque échec est une leçon, chaque critique, une opportunité de s'améliorer (si elle est constructive). Mais surtout, comprenez bien que votre valeur n'est pas déterminée par ce que vous réalisez, mais par la conscience que vous avez de vous-même. Votre valeur est intrinsèque, inhérente à votre être. Elle ne dépend pas de vos succès ou de vos échecs, ni du jugement des autres.

Si vous vous laissez hypnotiser par l'opinion des autres, vous jouez leur jeu et vous devenez leur marionnette. Ils peuvent alors influencer votre état mental, vos émotions et vos actions. Non, non et non. Ne leur donnez pas ce pouvoir. Certains le feront par fourberie, d'autres par maladresse, mais dans les deux cas, ne les laissez pas entrer dans votre tête et dicter votre conduite. C'est la raison pour laquelle nous allons aussi parler du syndrome de l'imposteur, qui est le sentiment persistant de ne pas reconnaître sa propre valeur, de douter de ses capacités et de craindre d'être démasqué comme un imposteur.

Quel que soient vos réalisations, aussi importantes soient-elles, vous pensez que vous n'avez pas ce qu'il faut, que votre succès est dû à la chance, à une erreur ou à la gentillesse des autres. Vous minimisez vos réussites et attribuez vos succès à des facteurs externes.

La bonne nouvelle est que les personnes qui souffrent du syndrome de l'imposteur ont souvent une bonne confiance en elles dans le sens où elles agissent et entreprennent. Le problème réside dans une faible estime de soi. Elles n'ont pas conscience de leur valeur intrinsèque. Cela signifie que vous devez avant tout développer votre estime de vous-même, apprendre à vous apprécier et à reconnaître vos qualités et vos compétences.

Et pour cela, voici quelques pistes concrètes :

1. Entourez-vous uniquement de personnes qui ont envers vous des paroles bienveillantes et encourageantes. Éloignez-vous des personnes toxiques qui nourrissent vos doutes et vos insécurités.

2. Prenez conscience de votre valeur en vous posant régulièrement cette question : « Pourquoi est-ce que j'ai autant de valeur ? » Notez les réponses et relisez-les souvent.

3. Pratiquez des exercices d'amour de soi. Demandez-vous pourquoi vous méritez de vous aimer aussi fort. Prenez soin de vous, accordez-vous du temps et des plaisirs.

4. Visualisez une personne dont vous aimeriez entendre les encouragements et les félicitations. Lorsque vous réussissez quelque chose, imaginez cette personne vous félicitant chaleureusement.

5. Faites la liste de tous les projets que vous avez réalisés jusqu'ici et dont vous êtes fier. Prenez conscience de vos accomplissements et de vos progrès.

Tout ce que je vous partage ici vous aidera à ne plus vous sentir déstabilisé face aux critiques et à renforcer votre estime de soi.

Le problème avec le succès est que l'on pense parfois ne pas le mériter ou que l'on craint les conséquences négatives qu'il pourrait engendrer. Ces peurs sont souvent irrationnelles et basées sur des croyances limitantes. Il est important de les identifier et de les remettre en question pour pouvoir pleinement savourer ses succès.

CHAPITRE 10 :

Maintenir votre motivation au plus haut niveau

La motivation ne dure pas. C'est une vérité. Mais est-ce une raison pour ne pas la rechercher, la cultiver, l'entretenir ? Absolument pas.

On entend souvent des discours qui critiquent la motivation, la jugeant inutile, et qui prônent la discipline comme une solution miracle, comme si la discipline était un état que l'on pouvait atteindre par simple volonté. C'est une vision réductrice. Même pour devenir discipliné, il faut une étincelle de motivation initiale. La discipline est le fruit d'une motivation entretenue et transformée en habitude. Elle n'est pas innée, elle se construit.

Quel que soit le projet que vous entreprenez, il vous faudra trouver une énergie interne forte et puissante pour agir avec une intensité nouvelle, pour dépasser vos limites habituelles. Cette énergie est le carburant de votre ambition. C'est cette énergie particulière qui a permis à des personnalités comme Inoxtag de gravir l'Everest, de devenir un influenceur reconnu, de créer son manga. C'est cette même force intérieure qui anime les entrepreneurs à lancer des entreprises innovantes, les artistes à créer des œuvres qui marquent leur époque, et les athlètes à repousser les frontières de la performance humaine. Vous avez besoin de cette énergie pour vous propulser vers l'avant, pour transformer vos rêves en réalité. Elle est le moteur de votre progression.

Malheureusement, certains discours entretiennent la confusion, car certaines personnes ont tout intérêt à vous voir stagner, à vous maintenir dans une forme de léthargie. Ils profitent de votre inaction. Mais vous pouvez prendre le contrôle de votre vie dès maintenant. À la fin de ce livre, vous avez le pouvoir de décider d'améliorer considérablement votre existence. Vous avez le choix de l'action.

Si vous allumez le feu sacré qui brûle en vous, vous pouvez soulever des montagnes, accomplir des choses que vous n'auriez jamais cru possibles. Cette flamme intérieure est votre plus grand atout. Bien sûr, ce feu va s'éteindre de temps en temps. Il ne peut pas brûler avec la même intensité qu'au moment où vous l'avez allumé.

C'est normal, c'est humain. Il y aura des moments de doute, de fatigue, de découragement. Votre rôle, votre responsabilité, est de l'alimenter, de raviver la flamme, afin d'exploiter pleinement votre potentiel. C'est un travail constant, un engagement envers soi-même.

Pour vivre une vie épanouissante, une vie qui vous ressemble et dont vous êtes fier, vous avez besoin d'une motivation solide et durable. Dans votre parcours, certaines personnes, certaines circonstances, certaines de vos erreurs vont vous affecter. C'est inévitable, vous êtes humain. C'est votre capacité à rebondir, à apprendre de ces expériences et à vous relever qui fera toute la différence. La résilience est la clé.

J'aime bien cette histoire de l'ancien président américain Abraham Lincoln, qui a connu d'innombrables échecs dans sa vie amoureuse, entrepreneuriale et politique, et qui pourtant est devenu un symbole d'espoir et de persévérance pour tant de personnes, et pour l'humanité entière. Son histoire est un témoignage puissant de la force de la détermination face à l'adversité. Il était porté par l'idée incroyable qu'il pouvait être utile aux autres, qu'il pouvait contribuer au bien commun. Il n'avait pas forcément une confiance en soi inébranlable, mais il était animé par une motivation profonde : celle de la contribution. Et vous, qu'est-ce qui vous porte au quotidien ? Quelle est votre source d'inspiration ? Pour quelle raison voulez-vous que les autres se souviennent de vous ? Quelle empreinte souhaitez-vous laisser ?

Ce que je veux que vous compreniez, c'est ceci : vous n'êtes pas une erreur. Quelles que soient les critiques que vous avez pu entendre, quelles que soient les erreurs que vous avez pu commettre, vous avez une valeur intrinsèque. Vous pouvez aller encore plus haut, encore plus loin. Vous pouvez encore changer complètement de trajectoire si vous le souhaitez. Vous avez le pouvoir de réécrire votre histoire. Il va juste falloir être honnête avec vous-même, identifier vos désirs profonds et prendre une décision sincère, dans le secret de votre cœur. Une décision qui va réveiller le lion ou la lionne qui sommeille en vous.

Créer un fichier de motivation : votre boîte à outils personnelle

Pour maintenir votre motivation au plus haut niveau, je vous propose de créer un fichier de motivation personnalisé, une véritable boîte à outils dans laquelle vous pourrez retrouver tous les éléments qui vous aident à activer votre puissance, votre énergie et votre force intérieure.

Ce fichier peut contenir plusieurs sections :

✓ *Une playlist de musique motivante* : La musique a un pouvoir incroyable sur nos émotions. Créez une playlist avec des morceaux qui vous donnent de l'énergie, qui vous inspirent et qui vous mettent dans un état d'esprit positif et conquérant. J'ai moi-même une playlist avec des artistes comme Eminem, Gims, Booba, Rick Ross, DJ Khaled… Il s'agit de morceaux spécifiques qui ont un impact particulier sur mon état d'esprit. Trouvez les vôtres.

✓ *Un répertoire de personnes ressources* : Dans ce fichier, notez le nom des personnes avec qui vous devez échanger régulièrement (au moins une fois par semaine ou par mois) parce qu'elles vous encouragent, vous inspirent et vous transmettent des ondes positives. Il ne s'agit pas de contacter tout le monde à chaque fois, mais de choisir la personne dont vous avez besoin à ce moment-là.

✓ *Une collection de vidéos motivantes* : Recueillez des vidéos de conférences inspirantes, des extraits de films ou de discours qui vous rappellent qui vous êtes et ce que vous pouvez accomplir. Regardez-les régulièrement (au moins une fois par mois) pour raviver votre flamme intérieure.

✓ *Une bibliothèque de livres inspirants* : Les livres ont un pouvoir transformateur que beaucoup sous-estiment. Continuez à lire, à étudier, à apprendre. Gardez les deux ou trois livres qui vous ont le plus marqué et relisez-les de temps en temps pour vous rappeler les leçons importantes.

Votre fichier de motivation est prêt. Consultez-le régulièrement, mettez-le à jour et prenez-en soin. Il est un outil précieux pour maintenir votre motivation et atteindre vos objectifs.

L'importance d'un coach

Dois-je vous rappeler l'importance d'avoir un coach ? Une personne compétente qui saura vous guider, vous challenger et vous aider à révéler le meilleur de vous-même. C'est un investissement indispensable si vous êtes sérieux au sujet de votre réussite.

Je suis conscient qu'il existe de nombreux coachs, et qu'il est parfois difficile de faire le bon choix. Il est important de se renseigner, de demander des recommandations et de faire confiance à son intuition. Mais sachez qu'il existe d'excellents professionnels qui peuvent vous accompagner efficacement sur votre chemin. Je vous souhaite de trouver celui ou celle qui saura vous aider à briller et à faire briller les autres.

Conclusion

Laissez votre lumière briller

À travers ces pages, mon intention la plus profonde a été de vous inspirer à embrasser pleinement le succès dans votre vie. Non pas un succès superficiel ou matériel uniquement, mais un succès authentique, aligné avec vos valeurs et vos aspirations les plus profondes.

J'ai voulu, avec chaque mot, dissiper les ombres de la culpabilité qui vous pèsent peut-être, ce sentiment que vous n'êtes pas encore à la hauteur, que vous n'avez pas encore atteint la vie dont vous rêvez.

J'ai voulu vous libérer du poids de cette croyance erronée que vous seriez une erreur, un accident de parcours. J'ai voulu semer en vous la certitude que votre réussite est non seulement possible, mais qu'elle est à portée de main, qu'elle vous attend, prête à éclore.

Jusqu'à présent, consciemment ou inconsciemment, vous avez peut-être érigé des barrières entre vous et cette réussite. Des murs invisibles, faits de doutes, de peurs et de fausses croyances. Au point de ne plus réaliser que cette réussite, cette plénitude, a besoin de vous autant que vous avez besoin d'elle.

Oui, la réussite, dans son sens le plus noble, vous désire. Elle a besoin de vos talents uniques, de votre contribution singulière, pour œuvrer sur cette Terre, pour faire grandir l'humanité. Vous avez un rôle essentiel à jouer dans ce grand dessein. Vous êtes une pièce indispensable du puzzle.

Mais si vous persistez à vous dévaloriser, à vous considérer comme une personne qui n'en vaut pas la peine, vous risquez de convaincre l'univers entier, votre famille, vos amis, que vous avez raison. Vous risquez de les priver de la richesse que vous avez à offrir.

Je voulais vous dire, avec une sincérité profonde, que je crois en vous, en votre potentiel illimité, en votre capacité à atteindre un succès épanouissant. Moi aussi, j'ai longtemps douté de moi, je me suis sous-estimé, j'ai laissé les autres me sous-estimer. J'ai même failli croire, à certains moments, que je n'étais pas à la hauteur. Mais c'était avant de comprendre une vérité fondamentale : j'ai le même cerveau, le même potentiel, les mêmes ressources que les personnes que j'admire. Et cette vérité, elle s'applique à vous aussi. Vous possédez en vous une force extraordinaire, une capacité d'apprentissage et de transformation infinie.

Il est sain, il est naturel, de désirer évoluer, de vouloir réussir, d'aspirer à l'excellence. C'est non seulement votre droit, mais aussi votre devoir envers vous-même et envers le monde. Votre excellence, votre épanouissement, sera le plus bel héritage que vous puissiez laisser à votre famille, à vos proches, aux générations futures.

Le succès, la réussite, ne devraient plus vous intimider. Je vous invite à les considérer comme une composante naturelle de votre vie, comme l'air que vous respirez. L'air est vital, essentiel, mais vous n'en avez pas peur. Vous ne le placez pas sur un piédestal inaccessible. Faites de votre réussite une aventure exaltante, un prolongement naturel de votre personnalité, une expression authentique de qui vous êtes.

Mais par-dessus tout, ce que je souhaite ardemment que vous reteniez de cette lecture, c'est que vous avez le droit, l'autorisation, de réussir. Vous avez le droit d'être heureux, épanouis et de vivre une vie pleine de sens.

Le monde est plus pauvre sans votre musique, sans votre contribution unique. Il y a un vide, un manque que nous ressentons tous, parce que vous ne jouez pas encore à votre plein potentiel. Réussir ne signifie pas nécessairement que le chemin sera semé d'embûches insurmontables. Vous avez maintenant les clés, les outils, les conseils pour faciliter votre ascension. Je vous demande simplement de les mettre en application, de les expérimenter, de les adapter à votre propre réalité.

Je vous l'ai dit, j'applique moi-même les principes dont je parle, et je continue de le faire chaque jour. Mes élèves, qui viennent me voir pour des séances de coaching, peuvent en témoigner

Je n'ai pas encore atteint tous mes objectifs, je suis moi aussi en chemin, tout comme vous. Et c'est dans ce voyage, dans cette quête constante de soi, que réside la véritable richesse.

Faites en sorte que votre réussite devienne une source d'inspiration, non seulement pour vous-même, mais aussi pour tous ceux qui vous entourent.

Que votre parcours inspire d'autres à croire en leurs propres rêves.

Je vous souhaite, du plus profond de mon cœur, de connaître un succès exceptionnel, une réussite authentique et globale. Une réussite qui vous rende véritablement riche : riche de paix intérieure, d'une excellente santé physique et mentale, de relations familiales et sociales harmonieuses, d'une carrière épanouissante, d'une prospérité matérielle qui vous offre la liberté, d'un sens de l'aventure qui nourrisse votre âme et, par-dessus tout, d'un héritage inspirant à transmettre à vos proches et à l'humanité.

Vous le méritez infiniment.

Bien à vous.

Table des matières

© éditions Bod-Books on Demand, 12/14 rond-point des Champs Élysée, 75008 Paris, France
Impression :BoD-Books on Demand Norderstedt, Allemagne

I.S.B.N : 9782322561636
Dépôt légal : Février 2025